Shorts und andere Seiten

von Frank Kralemann

Buchbeschreibung:

Willkommen, verehrte Leserinnen und Leser, zu einem Abenteuer in die magische Welt des Alltags! Lassen Sie mich Sie in meinem bescheidenen Buch Shorts und andere Seiten entführen, wo jeder Moment, ob groß oder klein, seinen poetischen Glanz erhält. Hier verwandelt sich das Warten auf den Bus in eine epische Odyssee, die Langeweile eines grauen Sonntagsnachmittags in eine philosophische Reise und die Liebe in ein Feuerwerk der Emotionen, das selbst den härtesten Zyniker verzaubert.

Machen Sie es sich bequem, schnappen Sie sich eine Tasse Tee oder ein Glas Wein und tauchen Sie ein in diese Sammlung von Alltagspoesie. Lassen Sie sich verzaubern, amüsieren und inspirieren. Denn eines ist sicher: In Shorts und andere Seiten wird jeder Moment zu einem Vers, jede Zeile zu einem Lächeln und jede Seite zu einem kleinen Stück Magie.

Über den Autor:

Frank Kralemann wohnt in der Nähe von Bielefeld. Er ist Vater und Großvater und schreibt leidenschaftlich gern Gedichte. Er liest viel und macht gern einen Spaziergang in seiner Heimat. Seit 2007 schreibt er Bücher nicht nur über Gedichte, aber die liegen ihm besonders am Herzen.

Shorts und andere Seiten

von Frank Kralemann

Inhaltsverzeichnis

Einleitung

Willkommen, verehrte Leserinnen und Leser, zu einem Abenteuer in die magische Welt des Alltags! Lassen Sie mich Sie in meinem bescheidenen Buch „Shorts und andere Seiten" entführen, wo jeder Moment, ob groß oder klein, seinen poetischen Glanz erhält. Hier verwandelt sich das Warten auf den Bus in eine epische Odyssee, die Langeweile eines grauen Sonntagsnachmittags in eine philosophische Reise und die Liebe – oh, die Liebe! – in ein Feuerwerk der Emotionen, das selbst den härtesten Zyniker verzaubert.

Stellen Sie sich vor, Sie spazieren durch einen Park und plötzlich fängt die Parkbank an, Ihnen Gedichte zu flüstern. Oder Sie sitzen in einem überfüllten Café, und der Kaffeeduft inspiriert Sie zu einer Ode an das alltägliche Glück. Hier in diesen Seiten finden Sie genau solche magischen Momente – kleine Wunder des Alltags, festgehalten in Versen, die das Herz berühren und die Seele kitzeln.

Liebe spielt natürlich die Hauptrolle in unserem poetischen Theater. Sie tritt in allen erdenklichen Kostümen auf – als schüchternes Flüstern, als leidenschaftlicher Sturm, als bittersüße Erinnerung. Doch auch die weniger glamourösen, oft übersehenen Szenen des Lebens bekommen ihren Auftritt: Das geduldige Warten in einer endlosen Schlange, die ungeahnte Tiefe eines langweiligen Abends vor dem Fernseher, das melancholische Glitzern der Pfützen nach einem Sommerregen.

Meine Gedichte sind wie Shorts – kurz, knackig und ein bisschen verrückt. Manchmal bringen sie Sie zum Lachen, manchmal zum Nachdenken, und manchmal entlocken sie Ihnen vielleicht sogar eine Träne der Rührung. Sie sind eine Hommage an die poetische Schönheit des Alltäglichen, die oft nur darauf wartet, entdeckt zu werden.

Machen Sie es sich bequem, schnappen Sie sich eine Tasse Tee oder ein Glas Wein und tauchen Sie ein in diese Samm-

lung von Alltagspoesie. Lassen Sie sich verzaubern, amü-
sieren und inspirieren. Denn eines ist sicher: In „Shorts und
andere Seiten" wird jeder Moment zu einem Vers, jede Zeile
zu einem Lächeln und jede Seite zu einem kleinen Stück
Magie.

Viel Vergnügen beim Lesen!

Mit poetischen Grüßen,
    Frank Kralemann

Ich will dich

Ich will dich
wie die Nacht den Tag will
wie der Durst das Wasser
wie die Lunge den Atem

Ich begehre dich
wie die Flamme den Wind begehrt
wie die Wurzel die Erde
wie das Herz seinen nächsten Schlag

Ganz dicht
will ich dich spüren

Haut an Haut
Seele an Seele
bis die Grenzen verschwimmen

Deine kleinen scharfen Küsse
sind Blitze in meiner Nacht
sie wecken mich
sie verbrennen mich
sie machen mich lebendig

Ich liebe dich
wie das Gedicht die Worte liebt
wie der Pinsel die Farben
wie die Zeit die Ewigkeit sucht

In dir
finde ich mich
verliere ich mich
werde ich neu

Vorfreude

Knospen am Zweig
Versprechen des Frühlings
Ein Brief im Kasten

Noch ungeöffnet

Dein Name auf dem Display
Herzschlag beschleunigt
Gedanken tanzen voraus
Malen bunte Bilder

Vorfreude Schwester der Hoffnung
Zärtlich berührt sie Die Saiten der Seele

Was kommen mag
Ist noch verhüllt
Doch schon jetzt
Lächelt die Zukunft

Der Spieler Leben

Das Leben
ist ein Spieler
es wirft die Würfel
ohne zu fragen

Manchmal gewinnen wir
manchmal verlieren wir
oft wissen wir nicht

was Gewinn was Verlust ist

Das Leben
mischt die Karten
teilt sie aus
wir müssen spielen

Wir können
die Regeln nicht ändern
nur wie wir
mit ihnen umgehen

Das Leben
setzt hohe Einsätze
fordert alles
gibt alles

Wir können
nicht aussteigen
nur mitspielen
oder aufgeben

Das Leben
kennt kein Fairplay
nur Zufall
und Konsequenz

Wir sind
Spielfiguren und Spieler zugleich

bewegt und bewegend
auf dem Brett des Schicksals

Das Leben
hat immer
den letzten Zug
doch wir bestimmen das Spiel

Arbeit

Arbeit ist
nicht nur Broterwerb
sondern auch
Lebenssinn für viele

Sie kann
erfüllen und leeren
beflügeln und lähmen
je nachdem

Arbeit ist
oft ein Muss

selten eine Wahl
manchmal eine Berufung

Sie formt uns
mehr als wir ahnen
gibt Struktur
nimmt Freiheit

Arbeit kann sein
Selbstverwirklichung
oder Selbstentfremdung
oder beides zugleich

Sie ist
ein zweischneidiges Schwert
schafft Werte
und verschlingt Leben

Arbeit ist
nicht alles
aber ohne sie
fehlt vielen etwas

Sie sollte
Mittel zum Zweck sein
nicht Selbstzweck
nicht Ausbeutung

Arbeit wandelt sich

mit jeder Generation
bleibt doch im Kern
was sie immer war:

Der Versuch des Menschen
die Welt zu gestalten
und dabei
sich selbst zu finden

Depression

Depression ist
eine graue Decke
die sich über alles legt
und Farben stiehlt

Sie ist
eine unsichtbare Last
die auf den Schultern drückt
und Atem nimmt

Depression ist
eine Mauer aus Glas

man sieht die Welt
doch kann sie nicht berühren

Sie ist
eine Stimme die flüstert
„Es hat keinen Sinn“
selbst wenn die Sonne scheint

Depression ist
ein Labyrinth ohne Ausgang
jeder Weg führt
zurück zum Anfang

Sie ist
die Abwesenheit von Hoffnung
das Vergessen
wie sich Freude anfühlt

Depression ist
eine Krankheit
kein Charakterzug
keine Schwäche

Sie braucht
Verständnis und Hilfe
keine Vorwürfe
kein „Reiß dich zusammen“

Depression ist

ein dunkler Tunnel
doch am Ende
wartet vielleicht Licht

Leidenschaft

Leidenschaft ist
wenn Vernunft verstummt
und das Blut singt

Sie ist
der Sturm im Wasserglas
der Vulkan unter Schnee

Leidenschaft heißt
mit geschlossenen Augen sehen
mit offenem Herzen denken

Sie ist
das Feuer das wärmt
und verbrennt

Leidenschaft bedeutet

den Himmel zu berühren
während man fällt

Sie ist
der Schmerz der beflügelt
die Wunde die heilt

Leidenschaft kann
Berge versetzen
und Welten erschaffen

Sie ist
der Wahnsinn der Sinne
die Weisheit des Herzens

Ohne Leidenschaft
ist das Leben nur ein Schatten seiner selbst

Glückliches Leben

Glücklich leben heißt nicht
immer lachen
sondern auch
weinen können

Es heißt nicht

alles haben
sondern
genug sein

Glücklich leben ist
barfuß durch Gras gehen
und den Tau spüren
zwischen den Zehen

Es ist
dem Regen lauschen
und dankbar sein
für ein warmes Zuhause

Glücklich leben heißt
die Hand eines Freundes halten
wenn die Welt
zu schnell dreht

Es ist
Fehler machen
und daraus lernen
ohne sich zu verurteilen

Glücklich leben
ist nicht perfekt sein
sondern echt
und ganz

Es ist
lieben und geliebt werden
trotz aller Ecken
und Kanten

Glücklich leben heißt
im Jetzt sein
und trotzdem
Zukunft träumen

Das Gegenteil von Tod

Das Gegenteil von Tod
ist nicht Leben
sondern Liebe

Das Gegenteil von Tod
ist nicht Geburt
sondern Erinnerung

Das Gegenteil von Tod
ist nicht Bewegung
sondern Berührung

Das Gegenteil von Tod

ist nicht Lärm
sondern ein Flüstern

Das Gegenteil von Tod
ist nicht Licht
sondern ein Funke im Dunkeln

Das Gegenteil von Tod
ist nicht Unsterblichkeit
sondern ein Moment der Ewigkeit

Das Gegenteil von Tod
ist nicht Auferstehung
sondern hier und jetzt zu leben

Das Gegenteil von Tod
ist nicht das Ende zu leugnen
sondern trotzdem zu lieben

Hoffnung

Hoffnung ist
ein zartes Pflänzchen
das selbst im Beton
Wurzeln schlägt

Wer nicht hofft
erstarrt
wird taub
für das Flüstern des Lebens

Hoffnung sieht
einen Spalt Licht
wo andere nur Dunkelheit sehen

Ohne Hoffnung
kein Morgen
kein Aufstehen
kein Weitermachen

Hoffnung ist
der Herzschlag der Zukunft
der Atem der Träume
die Kraft zum Wandel

Wer hofft
öffnet Türen
die noch verschlossen scheinen
und geht hindurch

Hoffnung zu haben
heißt nicht
blind zu sein
sondern mutig

Verzeihen

Wer nicht verzeiht
versteinert
wird hart wie Fels
und einsam

Wer verzeiht öffnet Türen
lässt Licht hinein
und wächst

Verzeihen heißt nicht
vergessen es heißt
weitergehen

Wer nicht verzeiht
bleibt stehen
gefangen in alter Wunde

Verzeihen ist
ein Geschenk
an sich selbst
und den anderen

Es braucht Mut
zu verzeihen
doch ohne Vergebung
gibt es keine Liebe

Was nötig ist

Nicht Gold noch Ruhm
nicht Macht noch Pracht
nicht Hast noch Lärm

Nötig ist:
Ein Herz das fühlt
Ein Geist der fragt
Eine Hand die hilft

Nötig ist:
Stille um zu hören
Zeit um zu sein
Mut um zu lieben

Nötig ist:
Das Brot zu teilen
Den Schmerz zu tragen
Die Wahrheit zu sagen

Nötig ist
das Einfache
das Echte
das Menschliche

Alles andere
ist Überfluss

Gelassenheit

Was ist Gelassenheit?
Nicht das Fehlen von Sturm
sondern Ruhe in seinem Auge

Nicht die Abwesenheit von Problemen
sondern ihr Annehmen

Gelassenheit ist
den Fluss nicht aufhalten wollen
sondern mit ihm schwimmen

Gelassenheit heißt
nicht alles verstehen müssen
aber alles betrachten können

Gelassenheit bedeutet
loslassen
ohne aufzugeben

atmen
ohne zu hetzen

sein
ohne sich zu verlieren

Gelassenheit ist
die Kunst des Nicht-Tuns
in einer Welt der Rastlosigkeit

Sie ist
das Lächeln des Buddha
in einer schreienden Welt

Vielleicht ist Gelassenheit
die höchste Form des Widerstands
gegen die Tyrannei der Zeit

Vielleicht ist sie
der einzige Weg
ganz bei sich zu sein

Verlust

Was ist Verlust?
Ein leerer Stuhl am Tisch
Ein ungelesener Brief
Eine verstummte Stimme

Verlust ist
was bleibt
wenn alles geht

Verlust ist
die Stille
nach dem letzten Wort

Verlust ist
der Schatten
den die Erinnerung wirft

Verlust ist
ein Loch
das nichts füllen kann

Aber Verlust ist auch
was wir nicht verlieren können:

Die Liebe die war
Die Freude die wir teilten
Die Zeit die wir hatten

Verlust lehrt uns
den Wert des Gewesenen
die Kostbarkeit des Jetzt
die Hoffnung auf Morgen

Vielleicht ist Verlust
nur eine andere Form
von Haben

Vielleicht verlieren wir nur
um neu zu finden

Vielleicht ist jeder Verlust
der Beginn von etwas Neuem

Der Zufall

Zufall
sagen wir
und meinen Schicksal

Zufall
dass wir uns trafen
an jenem Tag
in jener Straße

Zufall
dass du lächeltest
und ich zurück

Zufall
dass wir beide
den gleichen Weg gingen

Aber war es Zufall
dass unsere Herzen
im selben Takt schlugen?

Zufall
dass wir blieben
wo andere gingen?

Zufall
dass aus Begegnung
Liebe wurde?

Vielleicht
ist Zufall nur ein Wort
für das was wir
nicht verstehen

Vielleicht
ist jeder Zufall
ein versteckter Plan

Und vielleicht
sind wir selbst
der größte Zufall
in diesem weiten All

Ins Dasein geworfen

Wir fallen ins Leben
ohne zu wissen wohin
Schicksal ein Netz aus Zufällen
das uns auffängt oder zerreißt

Gegen Alter und Zeit
kämpfen wir vergebens Runzeln sammeln sich
wie Sandkörner in einer Uhr

Doch Gelassenheit
ist ein sanfter Wind
der Staub von müden Schultern bläst
und Lächeln in Falten weht

Wir können nicht wählen wohin wir geworfen werden
Aber wie wir landen
das bestimmen wir

Hamsterrad

Rennen
Rennen
Immer nur rennen

Wohin?
Nirgendhin

Drehen
Drehen
Sich ewig drehen

Vorwärts?
Rückwärts?
Stillstand

Schweiß tropft
Atem rast

Herz hämmert

Für was?
Für wen?

Das Leben
Eine Endlosschleife
Ohne Ausgang

Provisorium
wird Permanenz

Ankunft?
Ein fernes Konzept
Nie erreicht

Wozu?
Frag nicht
Lauf weiter

Bis der letzte Atemzug
Das Rad zum Stillstand bringt

Und du erkennst
Du bist nie
Einen Schritt
Weitergekommen

Der Hamster ist müde

Grauer Schleier, 4:15
Das Rad erwacht, unerbittlich
Müde Pfoten, schwerer Kopf
Der Hamster seufzt, sehnt sich nach Ruh'
Wohin führt dieser ewige Lauf?
Ziel verloren im Nebel der Zeit
Schritte verlangsamen, Herz wird schwer
Doch das Rad, es dreht sich fort

Innehalten - ein flüchtiger Traum
Rastlos treibt die Welt voran
Aussteigen? Ein Hauch von Freiheit lockt
Doch Angst hält fest im alten Trott
Fragen wälzen sich wie Wolken grau
Sinn und Zweck verschwimmen sacht
Der Hamster trottet, Blick gesenkt
Im Zwielicht einer neuen Pflicht
Melancholie tropft wie Tau
Auf Träume, die zerronnen sind
Das Rad dreht weiter, unbeirrt
Der Morgen gähnt, das Leben mahnt

Menschsein - Ein Tanz auf dem Seil der Existenz

In die Welt geworfen, nackt und schreiend
Ohne Wahl, ohne Karte, ohne Ziel
Ein Funke Bewusstsein im endlosen Kosmos
So beginnt das Abenteuer Mensch zu sein

Wir taumeln durch die Jahre, suchend
Nach Sinn, nach Halt, nach Beständigkeit
Doch die Welt dreht sich unaufhörlich weiter
Und wir mit ihr, in ewigem Wandel gefangen

Sehnsucht nach Konstanz treibt uns an
Wir bauen Häuser, schaffen Gesetze, gründen Familien
Verzweifelt klammernd an Illusionen von Dauer
Während unter unseren Füßen der Boden sich verschiebt

Die Geworfenheit - unser ständiger Begleiter
Erinnert uns an unsere Verletzlichkeit
Jeder Moment ein Sprung ins Ungewisse
Jede Entscheidung ein Schritt auf dünnem Eis

Wir sind Prometheus und Sisyphos zugleich
Erschaffen Welten und scheitern täglich

Getrieben von Hoffnung, geplagt von Zweifeln
Ein Widerspruch in Fleisch und Blut

Die Zeit rinnt durch unsere Finger wie Sand
Wir altern, während wir nach Jugend streben
Suchen Wahrheit und erschaffen Mythen
Sind Götter unserer Träume, Sklaven unserer Ängste

Menschsein heißt, im Chaos Ordnung zu finden
In der Einsamkeit Verbundenheit zu spüren
Im Angesicht des Todes das Leben zu feiern
Und in der Dunkelheit nach Sternen zu greifen

Wir lieben, wir hassen, wir lachen, wir weinen
Erschaffen Schönheit und zerstören sie wieder
Sind Heilige und Sünder in einem Atemzug
Ein Paradox, wandelnd auf zwei Beinen

Die Sehnsucht nach Konstanz - eine süße Lüge
Die uns antreibt und zugleich gefangen hält
Denn nur im Wandel liegt unsere wahre Natur
In der Fähigkeit, immer wieder neu zu beginnen

So tanzen wir auf dem Seil der Existenz
Balancierend zwischen Sein und Nichtsein
Jeder Schritt ein Wagnis, jeder Atemzug ein Geschenk
In der Gewissheit unserer Ungewissheit vereint

Menschsein - eine Reise ohne Wiederkehr

Ein Lied, das nur einmal gesungen wird
Eine Frage ohne endgültige Antwort
Ein Rätsel, das wir selbst sind und lösen müssen

In unserer Zerbrechlichkeit liegt unsere Stärke
In unserer Vergänglichkeit unsere Schönheit
Wir sind die Träumer und der Traum zugleich
Geschichten, die sich selbst erzählen und erschaffen

So lasst uns diesen Tanz des Lebens wagen
Mit offenen Augen und offenem Herzen
Denn im Menschsein liegt unendliches Potential
Zu lieben, zu wachsen, zu sein - trotz allem und wegen
allem

Eine Rose schenk ich dir

Eine Rose schenk ich dir, zart und rot
Ein Flüstern der Liebe, in Blüten gehüllt
Ihre Dornen - Erinnerung an süßen Schmerz
Ihr Duft - ein Versprechen, noch unerfüllt

In ihren Blättern tanzt das Morgenlicht
Tautropfen glitzern wie deine Augen
Jedes Blütenblatt eine Liebeserklärung

Stumm und doch lauter als tausend Worte

Sie ist vergänglich, wie der Moment
Und doch ewig, wie meine Gefühle für dich
In ihrer Schönheit liegt die Zerbrechlichkeit
In ihrer Vollkommenheit die Vergänglichkeit

Diese Rose ist mehr als nur eine Blume
Sie ist mein Herz, dir dargeboten
Offen, verletzlich, voller Hoffnung
Ein Symbol der Liebe, die nie verblüht

Nimm sie an, diese zarte Botin
Lass sie Wurzeln schlagen in deiner Seele
Pflege sie mit deinem Lächeln
Nähre sie mit deiner Zärtlichkeit

Eine Rose schenk ich dir, mehr als eine Geste
Ein Stück von mir, in deine Hände gelegt
In ihr blüht die Ewigkeit eines Augenblicks
Und das Versprechen unendlicher Liebe

Ewiges Jetzt

Tick, tack, die Uhr schlägt - doch wo ist die Zeit?
Vergangenheit: verblasste Schatten im Geist
Zukunft: ein Traum, noch ungeträumt
Nur das Jetzt pulsiert, lebendig und wahr

Zwischen Erinnerung und Erwartung
Tanzt der Moment auf Nadelspitzen
Ein flüchtiger Hauch, doch ewig zugleich
Die einzige Wirklichkeit, die wir je kennen

Gestern: eine Geschichte, tausendmal erzählt
Morgen: ein Luftschloss, auf Sand gebaut
Doch hier, jetzt, in diesem Atemzug
Entfaltet sich das Leben in seiner ganzen Fülle

Die Vergangenheit - ein ferner Echo
Die Zukunft - ein Trugbild am Horizont
Nur das Jetzt ist greifbar, spürbar, echt
Ein Juwel in der Krone der Existenz

In jedem Augenblick liegt die Ewigkeit
Jedes „Jetzt“ ein Universum für sich
Wir sind Surfer auf der Welle der Gegenwart
Immer im Fluss, immer im Werden

So lass uns tauchen in diesen Moment
Ihn auskosten bis zur letzten Faser
Denn nur im Jetzt können wir wahrhaft sein
Alles andere ist Illusion, ist Schall und Rauch

Immer jetzt, immer neu, immer wach
Das Leben entfaltet sich in jedem Atemzug
Vergangenheit und Zukunft verblassen
Im gleißenden Licht des ewigen Jetzt

Zugehörigkeit

Wem gehören wir zu, in dieser weiten Welt?
Den Sternen, die uns aus der Ferne rufen?
Dem Boden, der uns trägt und nährt?
Oder den Geschichten, die wir uns erzählen?

Zugehörigkeit - ein Faden im Gewebe des Seins
Verbindet uns mit Menschen, Orten, Ideen
Mal zart wie Spinnenseide, mal stark wie Stahl
Ein unsichtbares Band, das Herzen bindet

Wir gehören zu denen, die uns lieben
Und zu jenen, die wir lieben
Zu Träumen, die wir gemeinsam träumen
Und zu Kämpfen, die wir gemeinsam fechten

Doch gehören wir auch uns selbst
Sind Inseln im Meer der Verbundenheit

Einzigartig, unabhängig, frei
Und doch Teil eines größeren Ganzen

Zugehörigkeit heißt nicht Besitz
Sondern Verbundenheit in Freiheit
Ein Tanz zwischen Nähe und Distanz
Ein Spiel von Geben und Nehmen

Sie ist Wurzel und zugleich Flügel
Gibt uns Halt und lässt uns fliegen
Ist Heimat und Horizont zugleich
Ein Paradox, das uns ganz macht

So sind wir alle verbunden und getrennt
Gehören zu uns und zur Welt
In jedem Moment neu entschieden
Wer wir sind und wohin wir gehören

Symphonie der Herzen

In deinen Augen finde ich mein Zuhause
Ein Hafen in stürmischer See
Deine Liebe - mein Kompass, mein Anker
In dir bin ich, wer ich sein soll

Für jeden Moment, den du mir schenkst
Für jedes Lächeln, das die Welt erhellt
Für deine Hand in meiner, fest und warm
Danke ich dem Schicksal, das uns verband

Wir tanzen durch magische Momente
Wie Schmetterlinge im Sonnenlicht
Zwei Seelen, die sich gefunden haben
In einer Welt aus Liebe und Harmonie

In deiner Umarmung löse ich mich auf
Werde eins mit deinem Herzschlag
Wir sind zwei Töne einer Melodie
Die das Universum zum Klingen bringt

Du bist mein Spiegel und mein Schatten
Meine Gegenwart und meine Zukunft
In dir finde ich mich und verliere mich zugleich
Ein süßes Paradoxon der Liebe

Unser Zuhause ist kein Ort, sondern ein Gefühl
Geborgenheit in jeder Berührung
Verständnis in jedem Blick
Liebe in jedem Atemzug

So lass uns weiter Hand in Hand gehen
Durch Sonnenschein und Regentage
Denn in dir habe ich alles gefunden
Was mein Herz je zu träumen wagte

Architekten des Seins

In den Spiegelsälen unserer Wahrnehmung
Bauen wir Kathedralen aus Gedanken
Jeder Blick ein Fenster, jedes Wort ein Stein
Wir sind die Schöpfer unserer Wirklichkeit

Die Welt - ein Traum aus tausend Träumen
Jeder Geist ein Universum, grenzenlos
Was wir für wahr halten, wird zur Wahrheit
Verantwortung lastet schwer auf unseren Schultern

Zwischen den Zeilen der Realität
Lauert das Chaos, wartend, formbar
Wir geben ihm Gestalt mit jedem Atemzug
Sind Dirigenten einer kosmischen Symphonie

Die Grenzen unserer Sprache
Sind die Grenzen unserer Welt
Doch wir können neue Worte erfinden
Und damit neue Welten erschaffen

In den Labyrinthen der Erkenntnis
Sind wir zugleich Erbauer und Verirrte
Jede Entscheidung ein Pinselstrich

Auf der Leinwand unseres Daseins

Wir tragen die Last der Freiheit
Und die Bürde der Schöpfung
In jedem Moment neu geboren
Sind wir Götter unserer eigenen Existenz

So tanzen wir auf dem Seil der Wirklichkeit
Zwischen Abgrund und Himmel schwebend
Erschaffen wir mit jedem Schritt den Weg
Sind Architekten unseres Seins

Morgenrot der Wahl

Mit jedem Sonnenaufgang Eine neue Leinwand, unbemalt
Pinsel in der Hand, die Farben bereit
Bin ich Künstler oder leere Fläche?

Gefühle - wilde Pferde im Galopp
Soll ich sie zügeln oder mit ihnen fliegen?
Der Tag - ein unbeschriebenes Blatt
Meine Feder wartet, Tinte tropft

Zwischen den Zeilen der Stunden

Versteckt sich die Freiheit der Entscheidung
Opferlamm oder stolzer Löwe?
Die Maske liegt bereit, ich wähle das Gesicht

In den Spiegeln der Möglichkeiten
Erkenne ich tausend Ichs
Welches wird heute atmen, lachen, leben?
Die Uhr tickt, mein Herz entscheidet

Jeder Moment ein Scheideweg
Links Schatten, rechts das Licht
Ich bin der Weg und der Wanderer zugleich
Mit jedem Schritt erschaffe ich die Welt

So stehe ich am Rande jedes Tages
Sprungbereit ins Ungewisse
Die Wahl ist meine einzige Gewissheit
Ich bin der Schöpfer meiner Geschichten

Ordnung

Quadrate, Linien, rechte Winkel -
Die Welt in Schubladen sortiert.
Jedes Ding an seinem Platz,
Wie Soldaten aufmarschiert.

Tick-tack, der Rhythmus der Zeit,
Marschiert im strengen Takt.
Kalender, Listen, Terminplaner -
Das Leben sauber verpackt.

Doch zwischen den geraden Linien
Wuchert wild das Chaos.
Ein Windhauch nur, ein Augenblick -
Und alles bricht aus dem Gehäuse.

Im Zwischenraum der Ordnung
Tanzt frei die Phantasie.
Aus Rissen im System erblüht
Die zarte Blume Poesie.

Was wäre, wenn wir wagten,
Die Grenzen zu verwischen?
Ordnung und Chaos zu vermählen
In einem wilden Tanz dazwischen?

Vielleicht liegt wahre Harmonie
Nicht in der starren Form.
Sondern im ewigen Spiel
Von Regel und Rebellion.

Warten

Stunden tropfen wie Tau von Blättern der Zeit.
Im Rhythmus des Herzens
tickt die Ungeduld.

Horizonte dehnen sich,
werden zu Nebelmauern.
Hoffnung - ein zerbrechlicher Faden,
der die Seele festhält.

Warten ist ein stummer Schrei,
ein Tanz auf Messers Schneide.
Zwischen Sein und Nichtsein
balanciert die Erwartung.

Doch plötzlich - ein Windhauch der Veränderung.
Das Warten zerspringt
wie eine Seifenblase im Sonnenlicht.

Und in den Scherben
spiegelt sich das längst Vergangene,
das nie Gekommene.

Die Schönheit meiner Frau

Ihr Antlitz, eine Sternenkarte der Anmut,
Jedes Lächeln ein Sonnenaufgang voller Mut.
Ihre Augen, tiefer als der Ozean blau,
Spiegeln Welten, die ich nur mit ihr schau.

Ihr Haar, ein Wasserfall aus goldenem Licht,
Fällt sanft wie Seide auf ihr Gesicht.
Ihre Hände, zart und stark zugleich,
Formen Träume in unserem Liebesreich.

Ihre Stimme, ein Lied aus Honig und Samt,
Hat mein Herz in Flammen entflammt.
Ihr Gang, anmutig wie Wolken im Wind,
Lässt mich staunen, als wär' ich ein Kind.

Doch ihre wahre Schönheit, tief im Innern versteckt,
Hat meine Seele erst wirklich erweckt.
Ein Geist so brillant, ein Herz voller Güte,
Sie ist mein Frühling in ewiger Blüte.

In jedem Moment, ob Sturm oder Ruh',
Strahlt ihre Schönheit und wächst immerzu.
Sie ist Rätsel und Antwort, Ende und Start,

Meine Muse, mein Zuhause, einzigartig und zart.

Nie mehr alleine

In den Zwischenräumen der Stille,
wo Worte ihre Bedeutung verlieren,
finde ich dich – ein Echo meiner selbst.

Deine Hand, ein Anker in der Flut der Zeit,
hält mich fest, wenn Träume zerfließen.
Sind wir zwei oder eins geworden?

Die Nacht entfaltet ihre dunklen Schwingen,
doch dein Atem webt einen Kokon aus Licht.
Geborgenheit – ein fremdes Land, nun Heimat.

Erinnerungen an die Einsamkeit verblassen,
wie Sterne am Morgenhimmel.
In deiner Nähe bin ich ganz, bin ich mehr.

Doch manchmal, in flüchtigen Momenten,
seh ich mich im Spiegel deiner Augen
und frage: Wer bin ich, wenn nicht allein?

Nie mehr alleine – ein Versprechen,

süß wie Honig, schwer wie Stein.
In dir verloren und gefunden zugleich.

Das Alter

Die Zeit, ein Fluss ohne Ufer,
trägt uns auf Wellen der Jahre.
Gestern noch Knospen der Hoffnung,
heute schon welkende Blätter.

In Spiegeln begegnen uns Fremde,
mit Augen, die zu viel gesehen.
Die Haut - eine Landkarte der Erfahrung,
jede Falte eine unerzählte Geschichte.

Erinnerungen türmen sich wie Gebirge,
werfen lange Schatten auf das Jetzt.
Was bleibt von den Träumen der Jugend?
Ein fernes Echo, verhallt im Wind.

Die Zukunft, einst weit und offen,
schrumpft zum schmalen Pfad.
Doch in der Enge wächst die Tiefe,
jeder Atemzug ein kostbares Gut.

Wer sind wir im Angesicht der Jahre?
Gefangene der Zeit oder ihre Meister?
Das Alter - Bürde und Gnade zugleich,
ein Rätsel, das sich selbst befragt.

Feuersprache

In den Adern der Nacht
pulsiert ein verborgenes Rot.
Leidenschaft - du verzehrendes Wort.

Wir taumeln am Rand des Abgrunds,
die Haut elektrisch geladen.
Jede Berührung ein Funkenflug.

Zeit schmilzt wie Wachs,
formt sich neu in deinen Händen.
Wir sind Gefäße für flüssiges Licht.

Zwischen Ekstase und Schmerz
tanzen wir auf Messers Schneide.
Die Welt - ein fernes Echo.

Deine Augen - dunkle Spiegel,

in denen ich mich verliere, finde.
Wir fallen durch Räume des Unsagbaren.

Leidenschaft frisst uns auf,
gebiert uns neu aus ihrer Asche.
Ein ewiger Phönix-Flug.

Liebeslied im Zwielicht

In den Zwischenräumen der Zeit,
wo Schatten und Licht sich vermählen,
finde ich dich - und mich.

Worte, zerbrechlich wie Glas,
schneiden sich in unsere Haut.
Wir bluten Verse und Schweigen.

Die Nacht flüstert Geheimnisse,
die der Tag nicht kennt.
Wir sind Fremde und Heimat zugleich.

Liebe - ein Sturm in Zeitlupe,
der uns entwurzelt und neu pflanzt.
Wir wachsen ineinander, auseinander.

Im Labyrinth der Gefühle
verlieren wir uns, um uns zu finden.
Jeder Kuss eine Landkarte des Unmöglichen.

Zwischen Sehnsucht und Furcht
bauen wir Brücken aus Träumen.
Sie tragen uns - oder brechen.

Veränderung

Wer sagt Veränderung sei leicht?
Wer sagt sie müsse es sein?Veränderung ist ein Fluss der
fließt auch wenn wir die Augen schließen
Veränderung ist ein Spiegel der zeigt was wir sind und was
wir werden könnten
Veränderung ist eine Tür die knarrt beim Öffnen und beim
Schließen
Veränderung schmerzt und heilt zerstört und erschafft Ver-
änderung ist vielleicht das Einzige das bleibt

Was Liebe braucht

Liebe braucht keine Perfektion
 aber Akzeptanz
Liebe braucht keine Ewigkeit
aber den Mut zum Jetzt
Liebe braucht keine großen Worte
aber ehrliches Zuhören
Liebe braucht keine Besitzansprüche
aber Freiheit zum Wachsen
Liebe braucht keine Romantik
aber Verständnis in schweren Zeiten
Liebe braucht keine Helden
aber Menschen die zueinander stehen
Liebe braucht keine Garantien
aber den Willen es zu versuchen
Liebe braucht vielleicht nur zwei die bereit sind zu lieben

Der Sinn des Lebens

Wer sagt der Sinn des Lebens müsse groß sein?
Vielleicht ist er klein wie ein Samenkorn das zur Blume wird

Vielleicht ist er leise wie ein Flüstern das Herzen berührt
Vielleicht ist er flüchtig wie ein Lächeln das Fremde verbindet
Vielleicht ist er alltäglich wie das Atmen das uns am Leben hält
Vielleicht ist der Sinn gar nicht zu finden sondern zu erschaffen
In jedem Moment in jeder Begegnung in jeder Entscheidung
Vielleicht ist der Sinn einfach da zu sein und zu fragen
Was ist der Sinn des Lebens?

Du küsst so gut

dass die Zeit still steht
 dass mein Herz rast
dass die Welt verblasst
Du küsst so gut dass Worte überflüssig werden
dass Gedanken verstummen
Dass nur das Jetzt zählt
Du küsst so gut
dass ich vergesse wer ich bin

wer du bist wer wir sind

Du küsst so gut

dass ich mich frage ob es gefährlich ist

so gut zu küssen

Denn wie soll ich jemals aufhören

Dich zu küssen

wenn du so gut küsst?

Die schönen Dinge

Ein Sonnenstrahl der durchs Fenster fällt

Ein Lächeln das ansteckend ist

Der Duft von Kaffee am frühen Morgen

Das Lachen eines Kindes unbeschwert und frei

Ein gutes Buch das dich nicht loslässt

Die Stille des Waldes die dich umhüllt

Doch auch der Schmerz der Liebe

die Tränen der Freude die Narben des Lebens

Sind sie nicht auch schöne Dinge

weil sie uns zeigen dass wir leben?

Deine Schönheit

Nicht nur deine Augen
die wie Sterne leuchten
Nicht nur deine Lippen
die nach Sommer schmecken
Nicht nur deine Hände
zart wie Schmetterlingsflügel
Nicht nur dein Lächeln das die Welt erhellt
Sondern auch deine Gedanken
deine Träume dein Herz
Das ist deine wahre Schönheit
die mich verzaubert
Tag für Tag

Sinnlichkeit

Deine Haut
wie Seide unter meinen Fingerspitzen
Dein Duft
wie Rosen in der Morgendämmerung
Deine Lippen wie reife Kirschen

süß und verlockend
Deine Stimme wie sanfter Regen
auf meiner erhitzten Haut
Deine Berührung
wie Feuer das mich von innen wärmt
In dir finde ich alle Sinne vereint

Begeisterung

Sie kommt unerwartet wie ein Blitz
Sie wächst
unaufhaltsam wie ein Wildfeuer
Sie erfüllt grenzenlos
wie der Ozean
Sie vergeht unbemerkt
wie ein Atemzug
Doch ihre Spuren
Bleiben für immer

Erwartung

Was erwartet wird

ist nicht immer
was kommt
Was kommt ist nicht immer
was erwartet wird
Erwartung ist die Brücke
zwischen Jetzt und Dann
Manchmal trägt sie
manchmal bricht sie
Erwartung kann beflügeln
oder lähmen
Sie ist Vorfreude und Furcht
Hoffnung und Zweifel
Erwartung ist die Spannung
vor dem Unbekannten
Sie ist was wir uns ausmalen
und was wir nicht sehen können
Erwartung
Es ist was es noch nicht ist

Ich küsse dich

Deine Lippen
sind Worte
die ich schmecke
Dein Atem
ist Poesie

die ich trinke
Unsere Zungen
tanzen
was Sprache nicht kann

Der Morgen

schleicht sich heran
wie ein Schatten
Unsicherheit
lauert in jeder Ecke
Doch die Gegenwart
flüstert leise:Lebe mich

Unsicherheit

Sie flüstert in jeder Entscheidung
Was wenn? Sie lauert
hinter jedem Lächeln
Bin ich genug? Sie wächst mit jeder Möglichkeit
Wohin? Sie zittert
in unseren Händen

Wer bin ich? Unsicherheit
ständiger Begleiter
des Lebens

Leere Herzen

Sie schlagen noch
diese Herzen aber wofür?
Ausgehöhlt von Enttäuschungen
und verlorenen Träumen
Sie sehnen sich
nach Fülle
finden nur Leere
Warten auf einen Funken
der nie kommt
Leere Herzen
voller Sehnsucht
nach Leben

Der Traum

Er kommt

und geht
wie er will
Flüchtig wie ein Schatten
am Morgen
Mächtig
wie die Nacht
im Schlaf
Rätselhaft
und doch
vertraut

Ich will bei dir sein

In jeder Sekunde meines Lebens
Will deine Nähe spüren
Und mich in deiner Liebe verlieren

Ich sehne mich danach
In deinen Armen zu liegen
Deinem Herzschlag zu lauschen
Und die Welt um uns herum zu vergessen

Ich will bei dir sein
Wenn du lachst und wenn du weinst
Will deine Freude teilen Und dich trösten in dunklen Stun-
den

Mit dir an meiner Seite
Fühle ich mich stark und lebendig
Als könnte ich alles schaffen
Solange du nur bei mir bist

Ich will bei dir sein
Nicht nur heute, sondern für immer
Will mit dir alt werden
Und jede Falte auf deinem Gesicht lieben

Denn ohne dich ist mein Leben Nur ein halbes, unvollstän-
diges Sein
Erst durch deine Gegenwart
Wird es zu einem sinnerfüllten Ganzen

Ich will bei dir sein In diesem und in jedem anderen
Moment
Will dich festhalten und nie mehr loslassen
Bis der letzte Atemzug uns scheidet

Aber selbst dann wird meine Seele Auf ewig mit deiner ver-
bunden bleiben
Denn ich will bei dir sein
In Zeit und Unendlichkeit

Mein Bett ist leer

Doch mein Herz ist voll
Erfüllt von einer Liebe
Die keinen Platz braucht

Ich liege alleine hier
Ohne dich an meiner Seite Aber in meinen Gedanken
Bist du immer bei mir

Die Laken mögen kalt sein
Doch mein Herz ist warm
Erwärmt von der Glut
Unserer innigen Verbundenheit
Ich schließe die Augen Und sehe dein Lächeln
Höre deine sanfte Stimme
Die mir Worte der Liebe zuflüstert

Mein Bett ist leer
Aber ich fühle mich nicht einsam
Denn die Liebe in meinem Herzen Hält mich Tag und
Nacht umfangen

Sie gibt mir Kraft und Trost
Lässt mich die Trennung ertragen
In dem Wissen, dass unsere Seelen

Auf ewig miteinander verschmolzen sind

Mein Bett ist leer Doch es ist nur ein Raum
Ein Ort der Ruhe für den Körper
Aber nicht für das liebende Herz

Denn wahre Liebe überwindet
Jede Distanz, jedes Hindernis
Sie lebt in uns, ganz gleich wo wir sind
Und lässt uns niemals wirklich allein

Mein Bett ist leer1

Kalt und verlassen
Wo einst dein Körper ruhte
Neben dem meinen

Die Laken noch zerwühlt
Von unseren Liebesspielen Doch dein Duft verflogen
Nur Erinnerung bleibt

Mein Bett ist leer
Und mit ihm mein Herz
Seit du gegangen bist
In jener verhängnisvollen Nacht

Ich starre auf den Platz An dem du einst lagst
Unfähig zu begreifen
Dass du nicht wiederkommst

Mein Bett ist leer
Und Trauer mein ständiger Begleiter Hoffend, dass die Zeit
Die Wunden heilen mag

Bis dahin bleibt nur
Die Sehnsucht nach dir In diesem kalten Bett
Das einst unseres war

Ich träume von dir

Und bin doch wach
Sehe dein Gesicht Obwohl du nicht da bist

Ich höre deine Stimme
Die zu mir spricht
Auch wenn um mich herum
Nur Stille herrscht
Meine Hände fühlen Deine zarte Haut
Obgleich sie nur
Ins Leere greifen

Mein Herz schlägt für dich

In jedem Moment
Egal ob nah, ob fern
Bist du mein ein und alles

Ich träume von dir
Tagein, tagaus
Denn auch im Wachen
Lässt du mich nie los

Gelassenheit

In Stürmen stehen Wie ein Baum
Verwurzelt in der Erde
Genährt vom Vertrauen

Die Blätter mögen zittern
Im Wind der Veränderung Doch der Stamm bleibt stark
Unbeirrt im Sein

Gelassen sein heißt
Im Jetzt zu leben
Jeden Augenblick zu ehren Als Geschenk des Himmels

Nicht zu hadern Mit dem was war
Oder dem was kommt
Sondern da zu sein

Für das was ist
Mit offenem Herzen
Und einem Lächeln
Das Frieden ausstrahlt

Denn wer Frieden findet
In sich selbst
Der trägt ihn hinaus
Und sät ihn in die Welt